D1687721

La Gran Biblioteca de Las Tres Mellizas

Tristán e Isolda

CROMOSOMA

Tristán e Isolda
Las Tres Mellizas

No sé cuántas veces habré dicho a las Mellizas que con la comida no se juega. ¿Y me han hecho caso alguna vez? ¡Pues nunca! A esas niñas, mis palabras por un oído les entran y por el otro les salen. Hoy, las he encontrado con la nevera abierta y un montón de botes sobre el mármol. Cuando les he preguntado qué estaban haciendo, han contestado que estaban preparando una poción mágica. ¡Y aquí la única que hace pociones soy yo! Por este motivo, las he mandado lejos..., ¡muy lejos de la cocina!

¡Ah!, y también he mandado a los ratones. ¡A ver si eres capaz de encontrarlos en las páginas de este cuento!

En medio de un enorme bosque, se levanta un castillo medieval. En uno de sus grandes salones, el rey de Cornualles da órdenes a uno de sus mensajeros. Sin hacer demasiado ruido, las Mellizas aparecen en uno de los ángulos del salón. Pero el rey está tan concentrado que ni siquiera las ve.

—¡Majestad! Os traigo un correo urgente —exclama otro mensajero apenas entra en la habitación.

Las Mellizas, que todavía no saben dónde están, miran, boquiabiertas, la gran cantidad de mensajeros que visitan al rey.

—Nunca habría imaginado que un rey pudiera estar tan ajetreado —exclama Teresa.

De repente, el rey se levanta de su trono y, dirigiéndose a uno de los mensajeros, dice:

—Vaya a buscar a mi sobrino Tristán, pues debo darle un encargo muy importante.

Y, mientras el mensajero sale volando de la sala, el rey se concentra de nuevo en su trabajo…

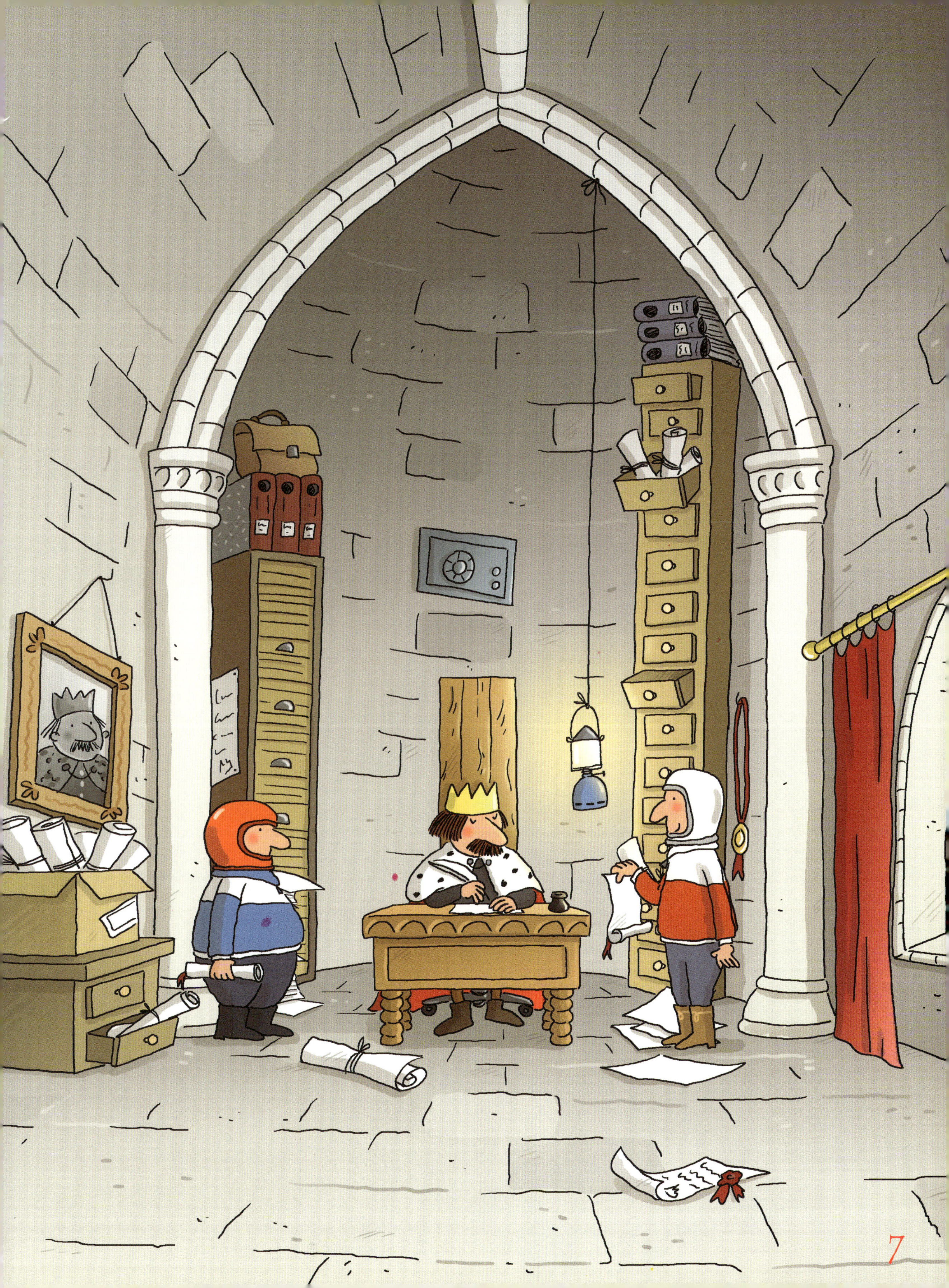

8

Al cabo de un rato, el mensajero entra acompañado de Tristán, un joven presumido y de buen aspecto.

–¿Me has llamado, tío? –pregunta Tristán.

–Tristán, debes hacerme un favor muy importante –le dice el rey, susurrando.

Las Mellizas sienten curiosidad y se acercan todo lo que pueden para oír la conversación.

–He escrito al rey de Irlanda para pedirle la mano de su hija Isolda –le dice el rey–. Quiero que vayas allí ahora mismo y que traigas a mi futura esposa. Yo no puedo ir porque debo encargarme de los preparativos de la boda. Pero debes prometerme que hasta que vuelvas, no vas a flirtear con ninguna muchacha; te conozco demasiado…

En aquel instante, el rey y su sobrino se dan cuenta de la presencia de las Mellizas. El rey cree que son tres cortesanas y les ordena que acompañen a Tristán en su viaje a Irlanda.

–¡Qué divertido! –dice Ana–. ¡Un viaje a Irlanda!

Mientras tanto, Aburrida se encuentra en Irlanda, donde se hace pasar por la doncella de Isolda, porque ya está preparando una de las suyas.

—Carta urgente de su majestad, el rey de Cornualles —dice la falsa doncella mientras entra en la habitación de Isolda.

La princesa lee, sorprendida, la petición de matrimonio del rey Marcos... «¡Ja, ja, ja! Ésta es la mía», piensa Aburrida mientras lee la carta sin que Isolda se de cuenta.

—Pero si ni siquiera le conozco, al rey Marcos... —dice Isolda, algo triste.

—¿Qué dice la carta? —pregunta la doncella.

—Dice que manda a su sobrino a buscarme... —lee Isolda.

—¡Qué sinvergüenza! ¿Manda a su sobrino a pedir tu mano? ¡Pero qué ocurrencias! —continúa Aburrida intentando echar leña al fuego.

—Dice que él no puede venir porque está muy ocupado...

—Creo que será mejor que no lo recibas —le aconseja su doncella.

11

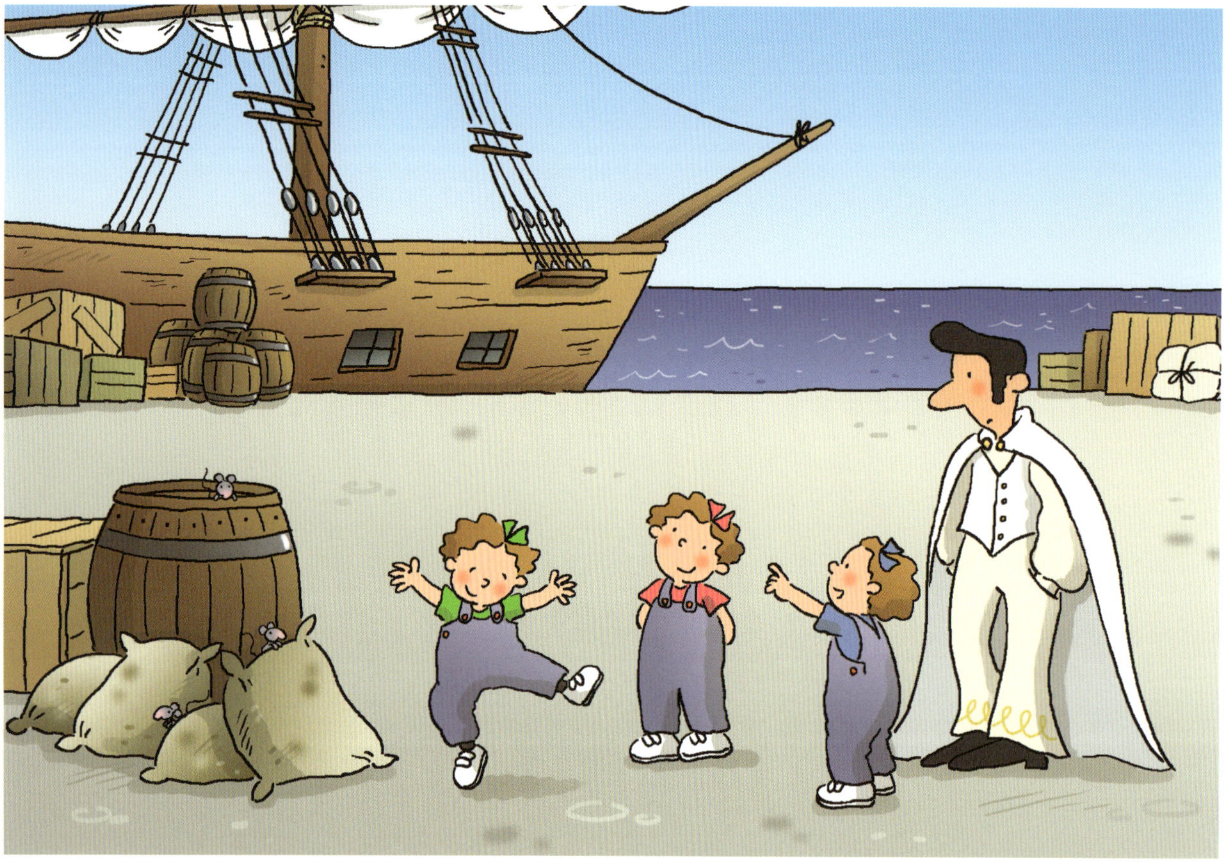

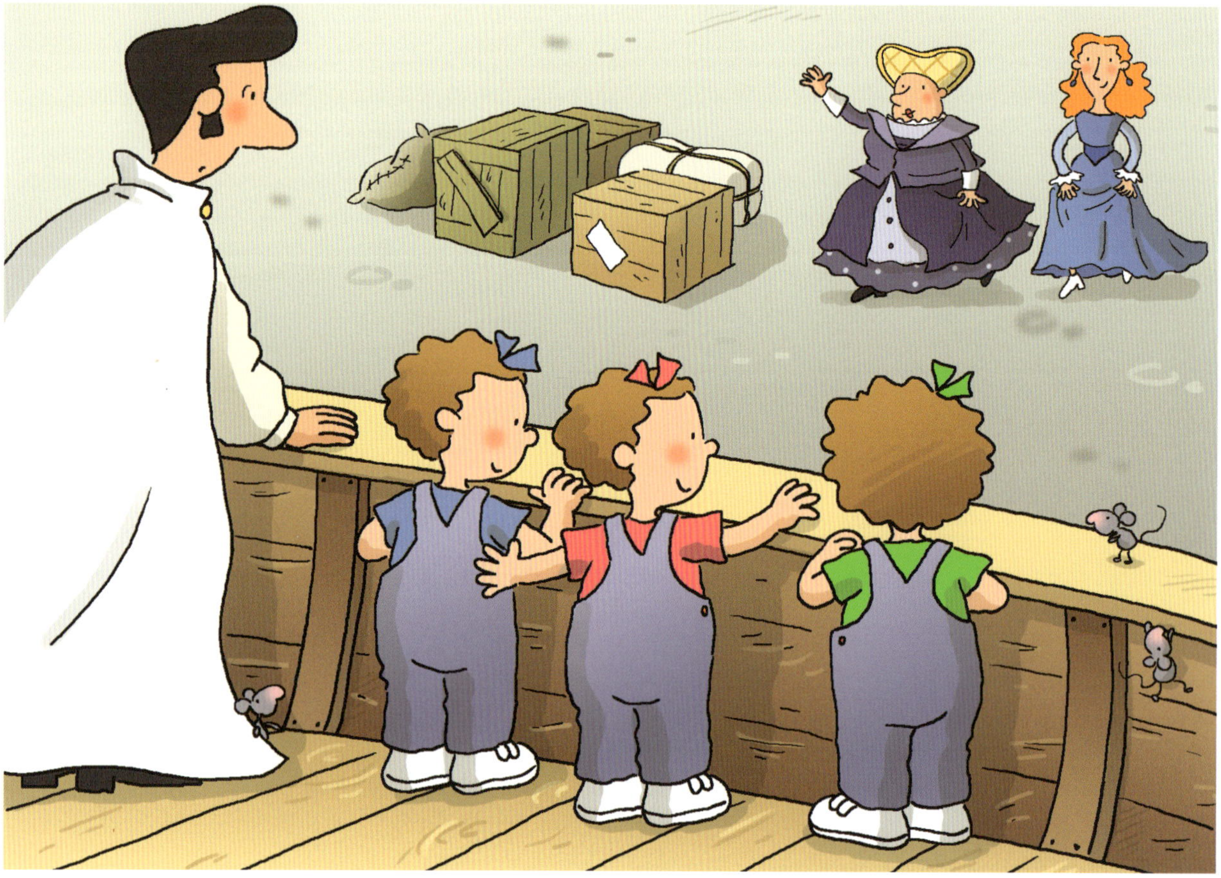

Las niñas y Tristán ya están listos para embarcarse en la nave que les llevará a Irlanda. El joven Tristán intenta esforzarse para obedecer a su tío y no mirar a ninguna chica. El problema es que es muy enamoradizo…

Cuando el capitán del barco da la orden de zarpar, una mujer que está en el muelle grita y ordena todo lo contrario.

–¿Quién se atreve a contradecirme? –exclama el capitán.

–¡Yo, la señoga Gobinson! Detengan el barco –sigue gritando la mujer, que corre acompañada de una muchacha.

El capitán no quiere que suban a bordo porque no quedan camarotes libres, pero la mujer consigue colarse en el barco.

Mientras tanto, las niñas no pueden parar de reír: aquella señora que habla con la letra «g» es muy divertida. Tristán, en cambio, parece preocupado. La joven que acompaña a aquella mujer es demasiado guapa…

El viaje en barco transcurre tranquilamente. Hace buen tiempo, y los pasajeros pasan buenos ratos en cubierta contemplando el horizonte. Mientras el capitán evita encontrarse con la señora Robinson, Tristán se esconde de Erica, la guapa sobrina que la acompaña.

–No olvides la promesa que has hecho a tu tío –dice Ana a Tristán.

–Si ya lo intento… pero es tan difícil no mirar a Erica… –dice el muchacho, suspirando.

Cada noche, cuando la cubierta queda medio vacía, porque los pasajeros se han ido a dormir, Tristán empieza a cantar canciones a la luna. Desde su camarote, Erica lo escucha con los ojos entrecerrados…

–¡Oh, es un joven tan apuesto! –dice Erica.

Su tía, en cambio, debe ponerse tapones en los oídos para poder dormir, y está muy enfadada:

–¿No puede dejar de hacer gallos, ese memo? –grita la señora Robinson.

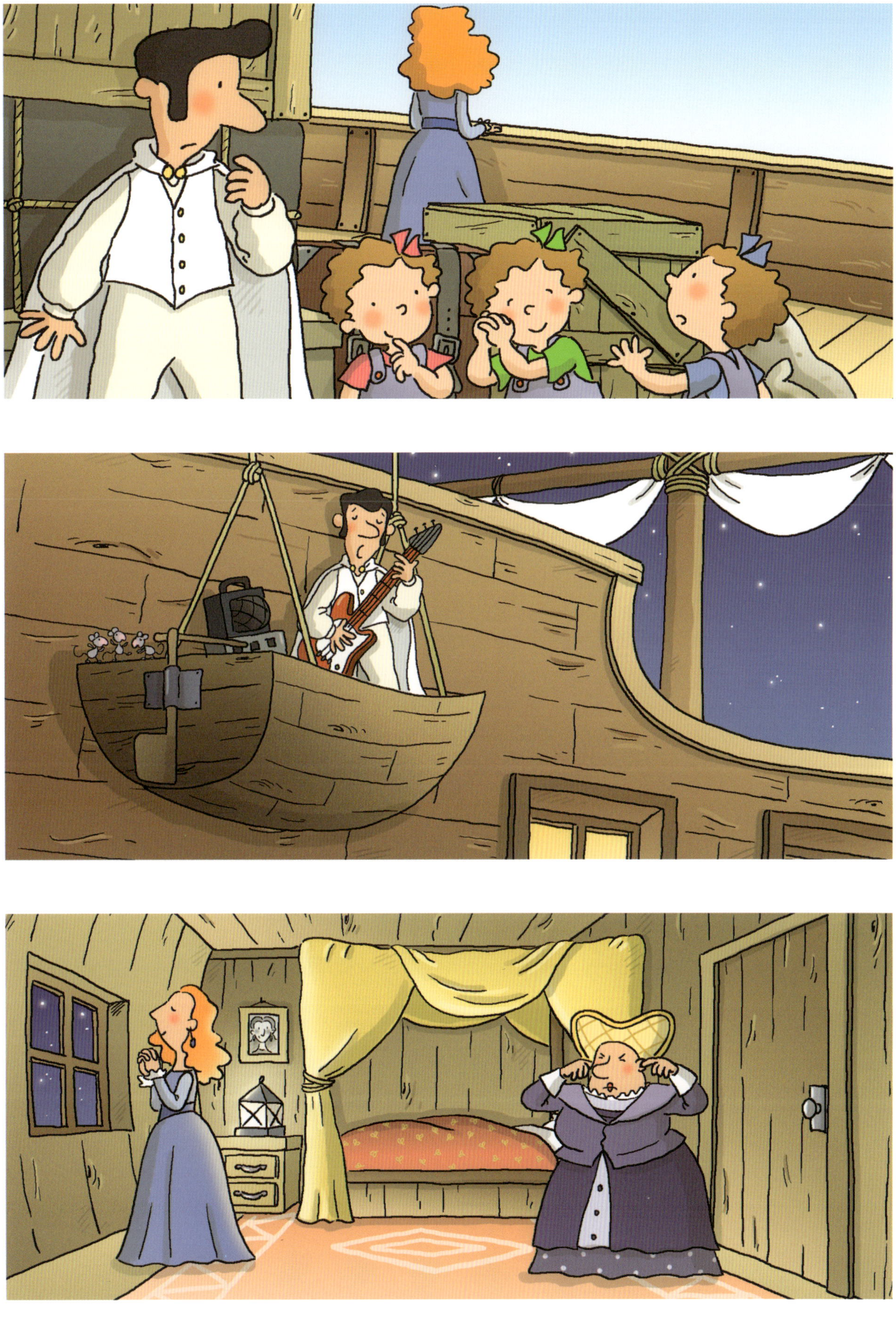

Pero cuando las Mellizas explican a la señora Robinson que el memo que canta es Tristán, el sobrino del rey de Cornualles, todo cambia…

–¡Oh! ¡Ese joven es una mina de *ogo*! –exclama entrando en su camarote–. Deprisa, *Egica*, debemos conseguir que se *enamogue* de ti. ¿Imaginas *casagte* con el sobrino del *gey Magcos*?

–Pero si creo que ni siquiera me ha visto…

–¡Tú déjalo de mi cuenta! –le ordena su tía.

Un rato más tarde, ambas salen a cubierta…

–Erica, ¿no te habrás maquillado un poco demasiado? –le pregunta Ana.

–¡Parece un payaso! –dice Elena, riéndose por lo bajo.

Pero Erica no dice nada y sigue a su tía.

–*Ahoga* canta un poco, niña, a *veg* si de esta *manega* consigues *enamogarle* –dice la señora Robinson.

Al oír la voz de Erica, Tristán no puede evitar mirarla: «No debo enamorarme, no debo enamorarme, no debo…», se repite una y otra vez el muchacho intentando mantener los ojos cerrados.

17

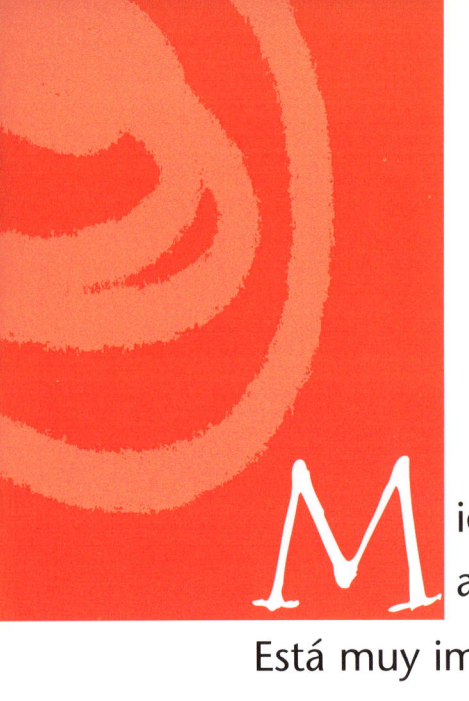

Mientras, en Cornualles, el rey Marcos sigue atareado con los preparativos de la boda. Está muy impaciente por conocer en persona a su futura esposa...

–¡Espero que mi sobrino no me juegue una mala pasada! –dice, mientras se rasca la cabeza bajo la corona–. Temo que vaya a enamorarse de Isolda.

El rey está preocupado. Sabe con seguridad que Tristán es un buen muchacho, pero también es consciente de que, por donde pasa, deja a todas las muchachas cautivadas.

–Majestad –dice un paje–. Los cocineros piden vuestra presencia para decidir el menú nupcial.

–¡Caramba! ¡Lo había olvidado! –contesta el rey.

El rey Marcos se levanta de su trono, se coloca bien la corona y se dirige hacia la cocina de palacio.

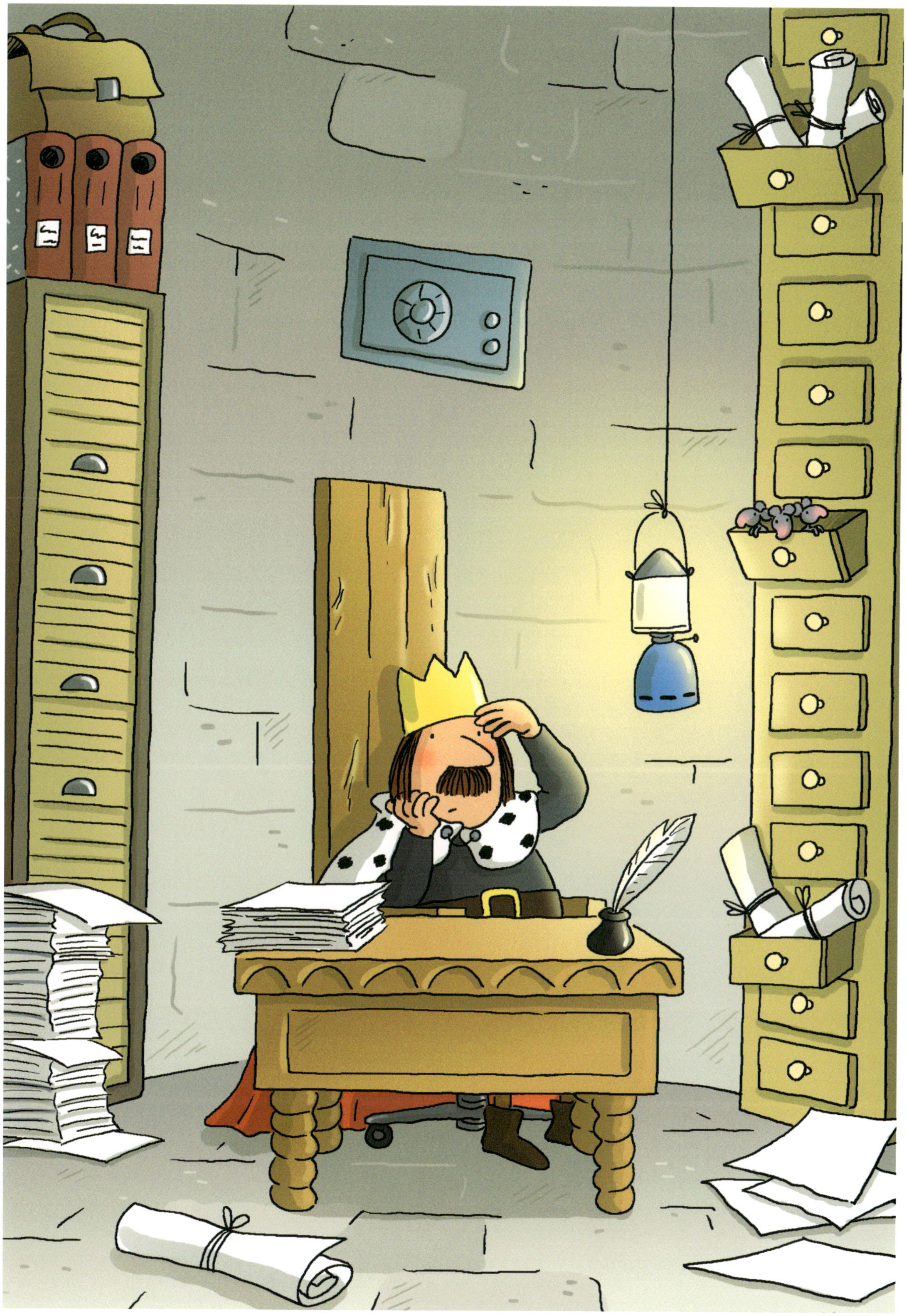

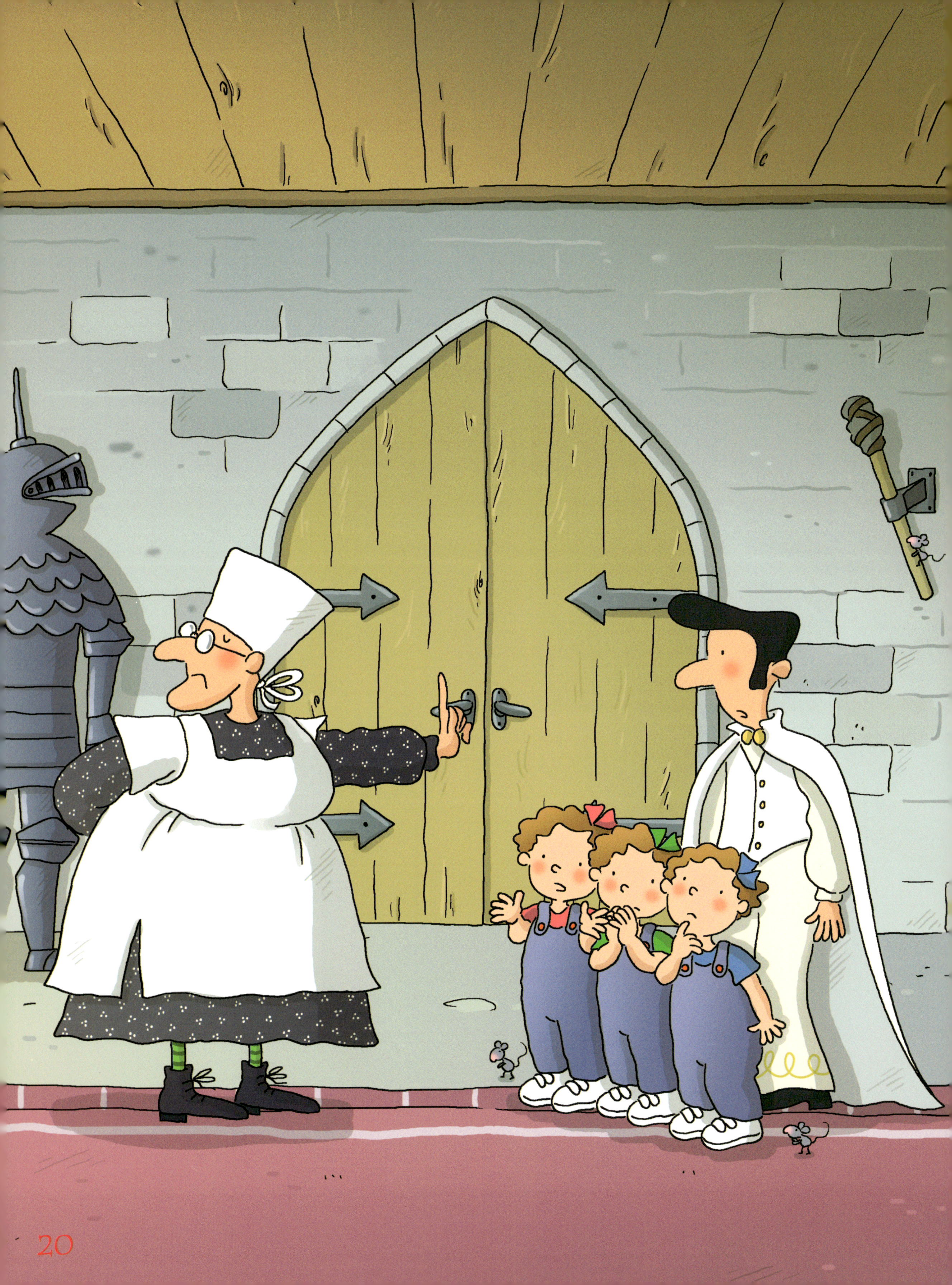

El barco que llevaba a Tristán y a las Mellizas ya ha llegado a Irlanda. Las niñas, que no habían estado nunca allí, tienen muchas ganas de conocer el país. Pero disponen de muy poco tiempo, porque lo primero que tienen que hacer es acompañar a Tristán a pedir la mano de Isolda. Sin embargo, parece que Isolda no dispone de tiempo para él. La respuesta siempre es la misma:

–Isolda dice que ahora no puede recibirte; deberás esperar –les dice una vez tras otra su doncella.

Finalmente, Tristán pierde la paciencia.

–Quizá deberíamos irnos. Está visto que no quiere verme… Y no podemos quedarnos aquí eternamente –dice el joven.

–¿Y por qué no quiere verte? –pregunta Teresa.

Pero Tristán no tiene tiempo para responder, porque en aquel mismo instante, la doncella le entrega un mensaje urgente que dice: «Si no puedes esperar más, vete. Esta misma noche zarpa un barco.»

Al cabo de un rato, Aburrida, que se ha quitado el disfraz de doncella, se encuentra en la casa donde se aloja la señora Robinson. Erica está sentada en un rincón de la habitación suspirando por su amado Tristán, mientras la señora Robinson intenta hacer una poción de amor para que su sobrina consiga enamorarlo.

Por supuesto, a Aburrida le falta tiempo para ir a ayudarla.

–¡Veo que a ti también te gusta hacer pociones! –dice Aburrida–. Pues prepárate porque yo tengo una receta para enamorar que no falla nunca…

La señora Robinson está muy contenta…

–A ver… Pluma de paloma mensajera, polvo de rana, uñas de gallo, polvillo de… –dice la Bruja, mientras va añadiendo los ingredientes al caldero.

Una vez que la poción ya está preparada, Aburrida sonríe satisfecha y dice:

–Ahora sólo falta que Tristán se beba un trago. Va a enamorarse de la primera joven que vea, de forma que Erica no puede perder tiempo.

«Ja, ja, ja… Por fin voy a conseguir que el muchacho rompa la promesa que ha hecho a su tío», piensa la Bruja.

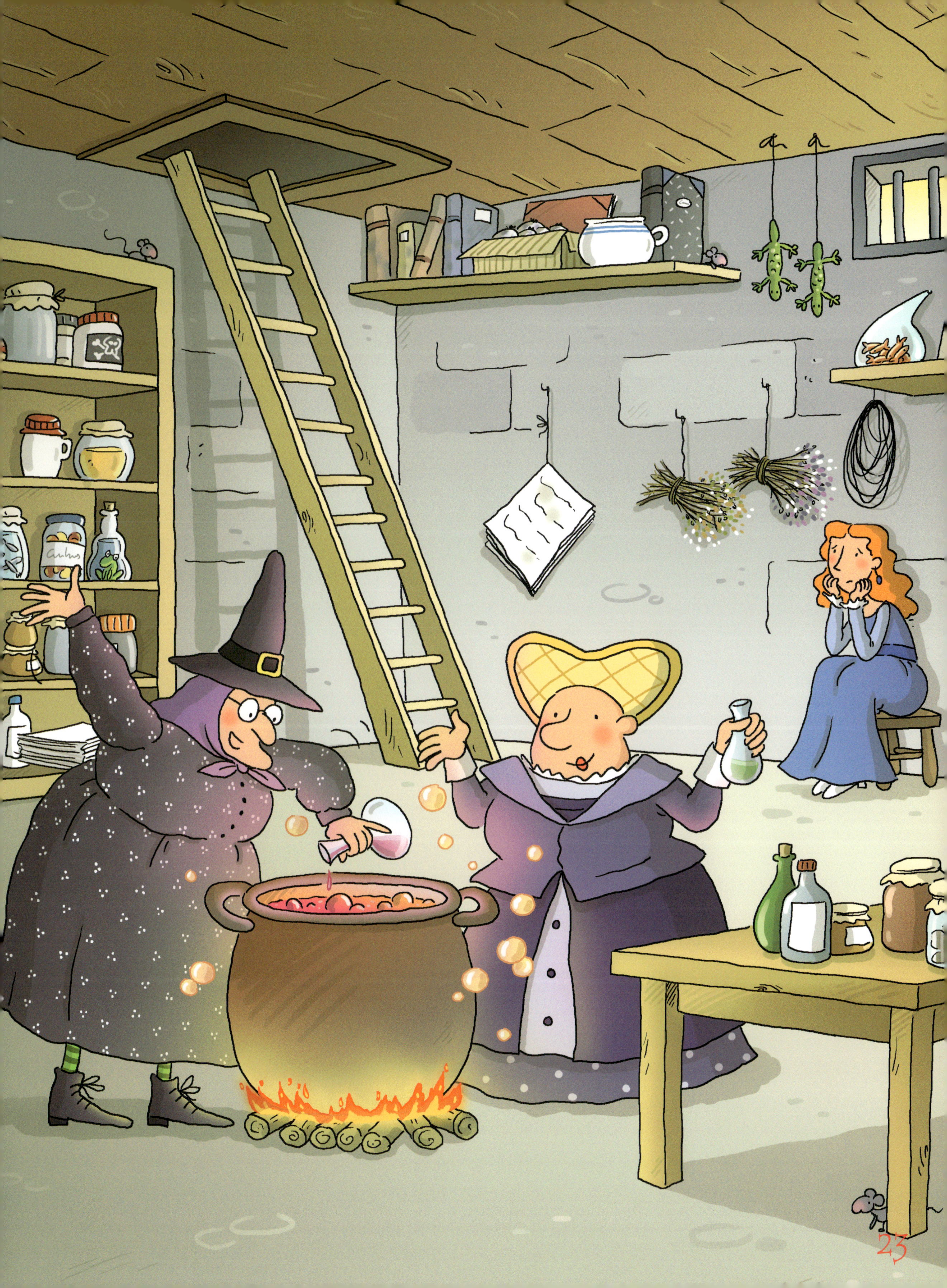

Tristán empieza a desesperarse: Isolda no quiere recibirlo, y sabe que no puede regresar a su país sin ella. Las Mellizas han decidido que deben ayudarlo y por ello han entrado en el castillo a averiguar qué está ocurriendo. Nada más llegar a la habitación de Isolda, lo comprenden todo: han visto a Aburrida rondando por allí...

–Fijaos qué contenta está la Bruja. Seguro que ella tiene la culpa de todo –dice Teresa.

Cuando las niñas consiguen llegar hasta Isolda, le explican quiénes son y qué desea Tristán...

–¡Pero si Tristán ya se ha ido! –les dice ella.

–No, eso no es cierto –dice Elena.

Entonces Isolda les cuenta que su doncella le había recomendado que le hiciera esperar. Y que justo cuando iba a recibirle, la doncella le había dicho que Tristán se había ido.

–Es que tu doncella no es una doncella... Es la Bruja Aburrida y te ha engañado –exclama Ana.

25

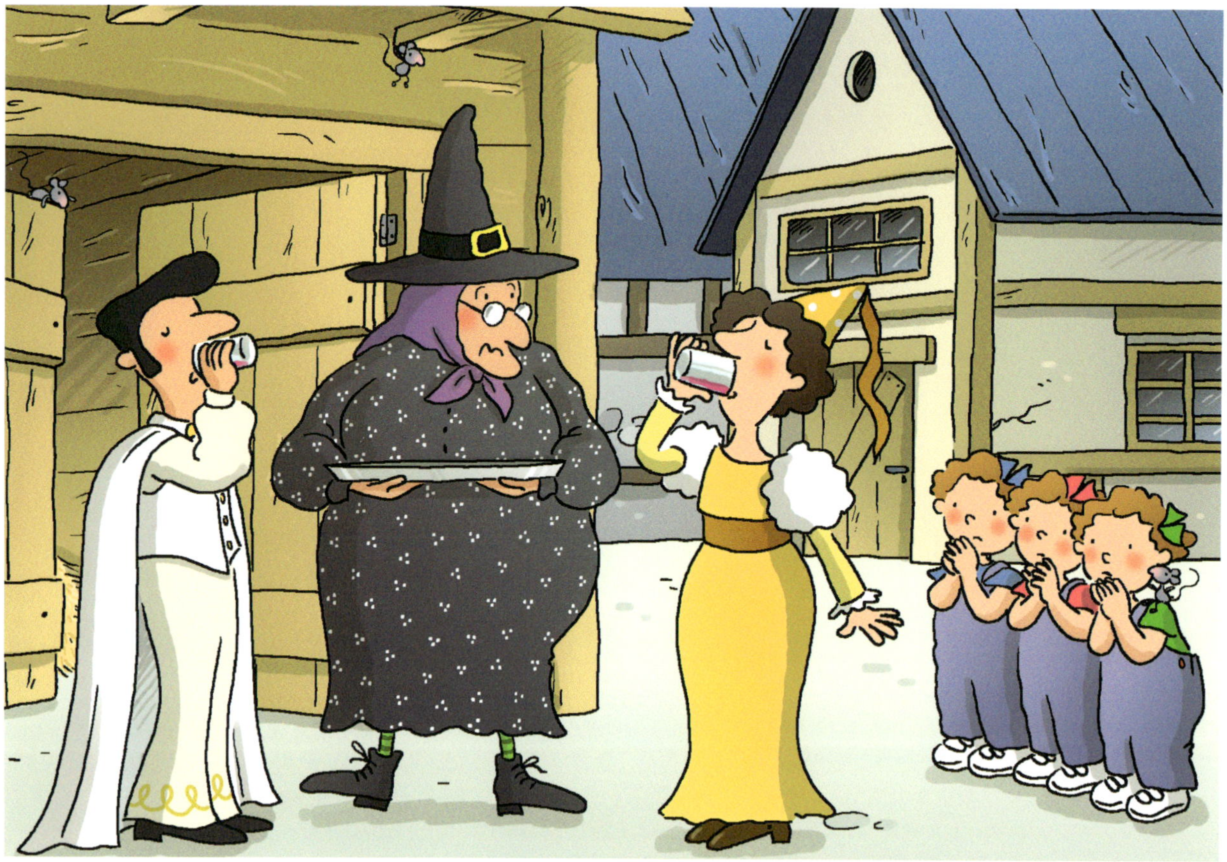

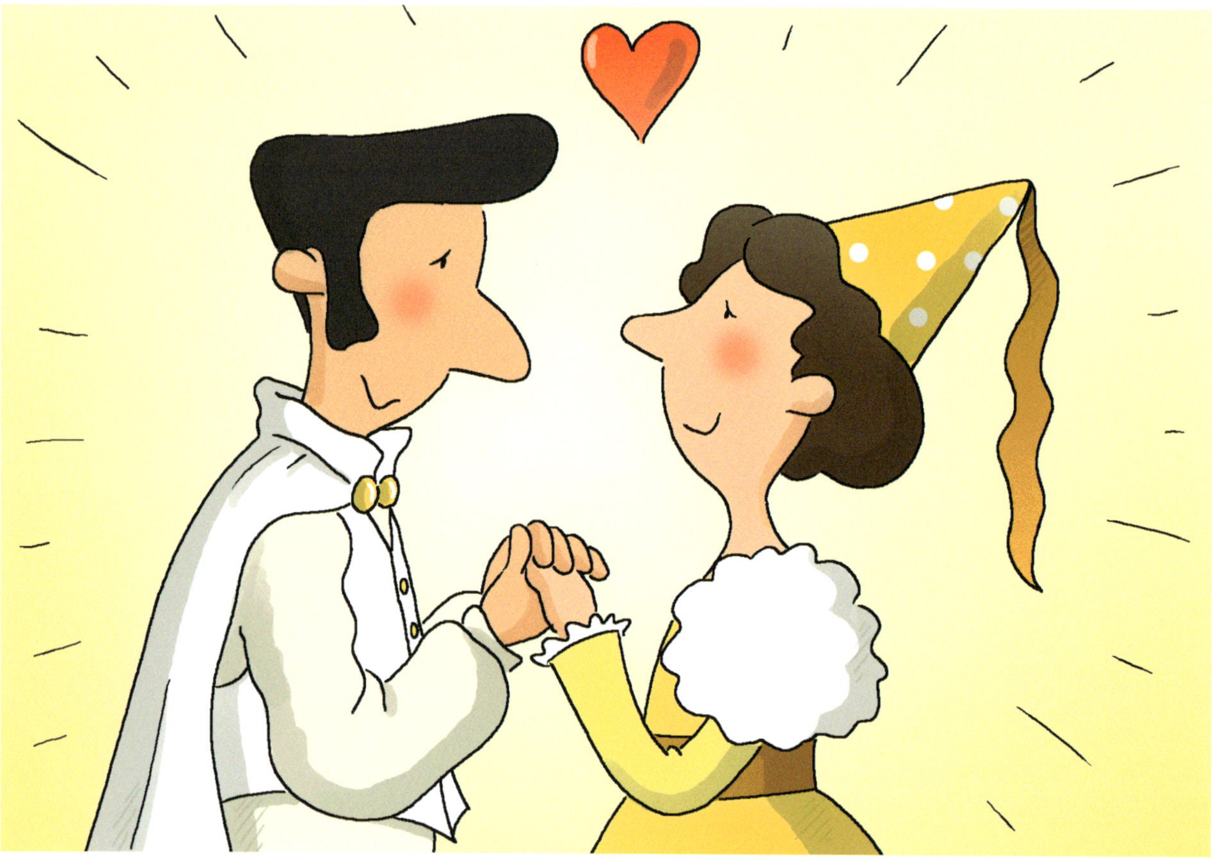

Entonces las Mellizas acompañan a Isolda a ver a Tristán. El problema es que Aburrida ha llegado antes y ha ofrecido la poción de amor a Tristán, quien ha caído en la trampa. Y eso no es todo: cuando llegan Isolda y las niñas, la princesa tiene tanta sed, que también se ha bebido un trago de la poción amorosa creyendo que se trataba de un refresco.

Y, claro, cuando Tristán ve a Isolda y ésta ve a Tristán, caen uno en brazos del otro, totalmente enamorados.

No muy lejos de allí, la señora Robinson y su sobrina corren en busca de Tristán…

–Espero que se haya bebido ya la poción con la que se enamorará de ti –dice la señora Robinson.

Pero, al llegar, Erica se da cuenta enseguida de que ha perdido para siempre a su amado Tristán…

Aquella misma noche, Tristán e Isolda parten rumbo al castillo del rey Marcos de Cornualles. Las Mellizas, que se encuentran en el mismo barco, están muy preocupadas…

–¿Y qué va a ocurrir, ahora? ¡Tristán se ha enamorado de la prometida de su tío! –dice Ana.

–¡Tengo una idea! –dice Teresa, que ya se ha dado cuenta de que la Bruja las está espiando–. Conseguiremos que deshaga el hechizo. Oídme bien… –dice, mientras les habla al oído.

Y entonces las niñas ponen en marcha su plan: fingen que no han visto a la Bruja y hablan en voz alta para que las oiga:

–Aburrida no sabe deshacer hechizos… –dice Ana.

–Sí, no tiene ni idea… –dice Elena.

Al oírlas, Aburrida se enfada tanto que decide demostrar lo que es capaz de hacer: por esto, se apresura a hacer una poción que desenamore a Isolda y Tristán.

–¿Qué? ¿Soy o no soy buena haciendo y deshaciendo hechizos? –grita Aburrida una vez que ha conseguido que los enamorados se beban el antídoto.

–¡Ja, ja, ja! –se ríen las niñas–. ¡Eso es justo lo que necesitábamos! ¡Esta vez te hemos engañado, Bruja!

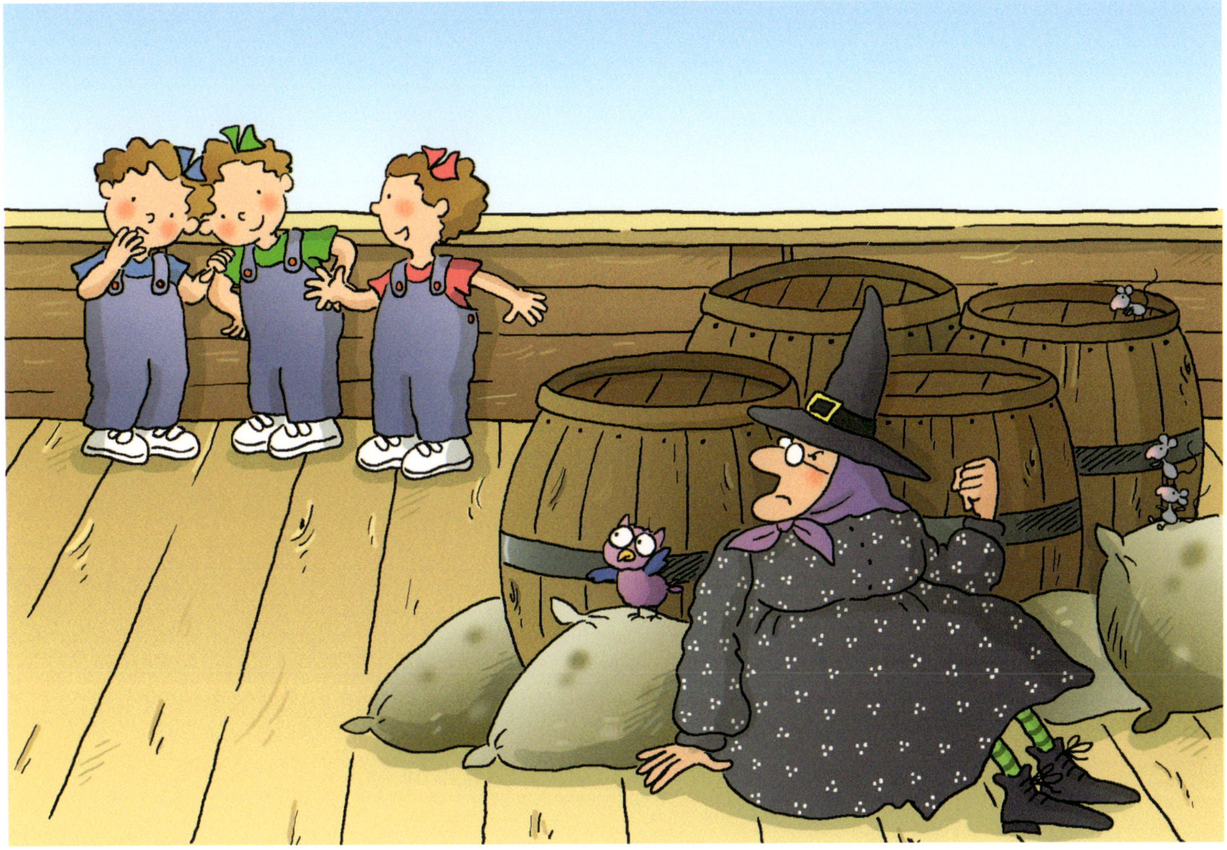

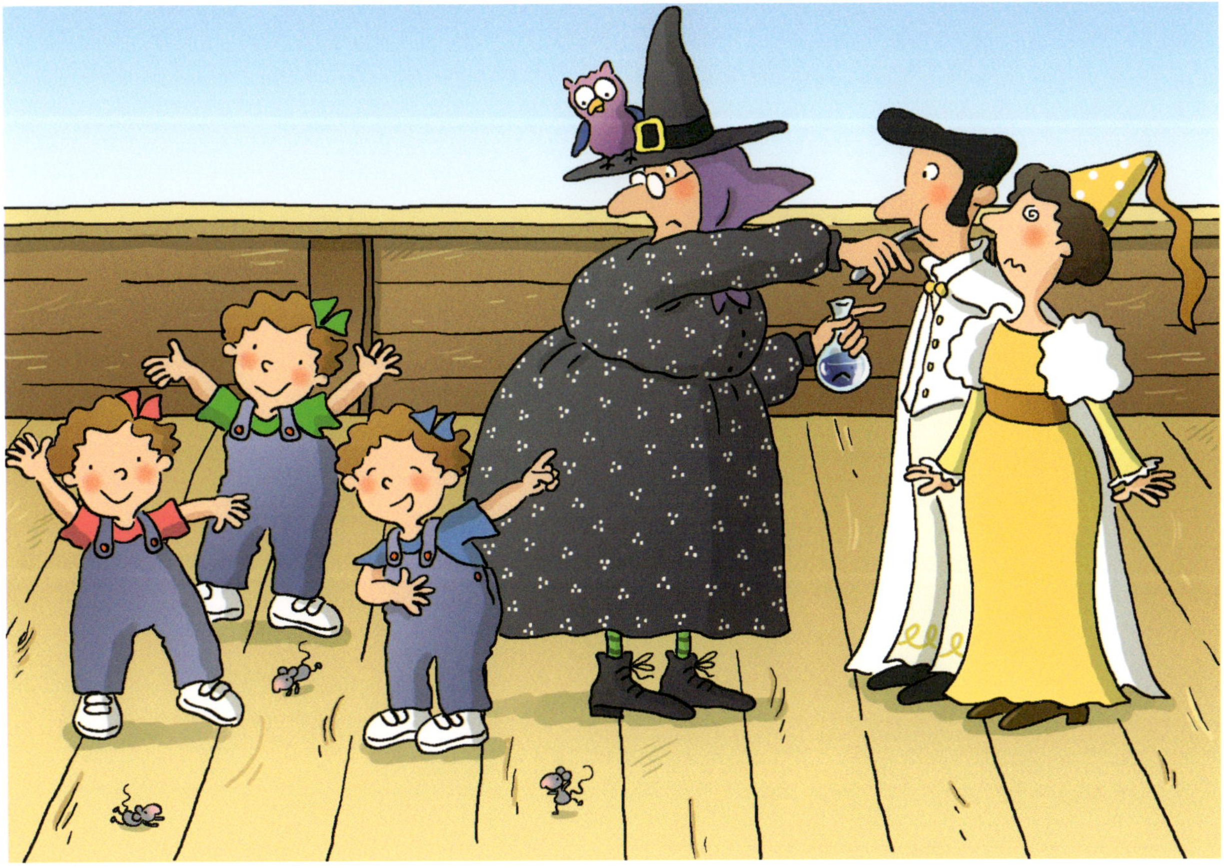

Y así es como el rey Marcos pudo casarse con su amada Isolda. Pero, en palacio, la fiesta fue todavía mayor, porque el mismo día, Tristán se casó con la bella Erica.

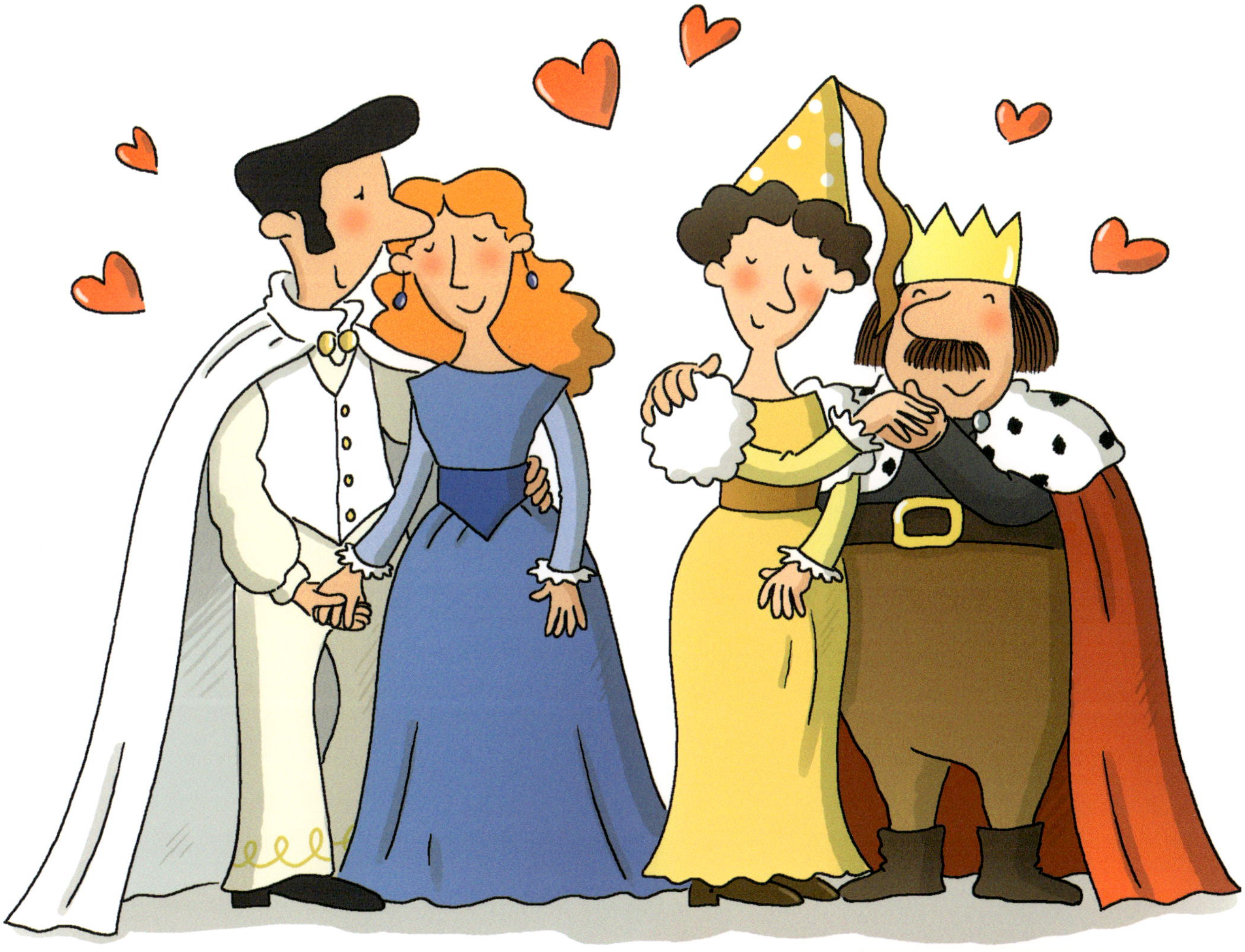

El Rincón de los Sabios

- **Del cuento a la historia real** 35
  - Todo empezó… 36
  - Descubramos vocabulario 44
  - Cosas curiosas 48

- **De la ilustración al dibujo animado** 53

Del Cuento a la Historia Real

Después de conocer a estos personajes, las Mellizas querían saber más sobre ellos. Por este motivo, las niñas han revuelto las estanterías de varias bibliotecas, donde han encontrado todo lo que vamos a contarte...

Todo empezó...

Tristán e Isolda: una leyenda medieval

La historia de Tristán e Isolda es una leyenda medieval, seguramente de origen céltico, que se difundió por toda Europa a principios del siglo XII. Titulado *El romance de Tristán e Isolda*, este poema narrativo cuenta la trágica historia de amor protagonizada por Tristán, sobrino del rey Marco de Cornualles, e Isolda, hija del rey de Irlanda.

Un día, el rey Marco ordena a Tristán que vaya a Irlanda a buscar a Isolda porque quiere casarse con ella. Pero lo que nadie podía imaginar es que, durante el viaje, Tristán e Isolda iban a beber por error una pócima que los enamoraría perdidamente.

Tristán e Isolda bebiendo una pócima

Todo empezó...

Pero Isolda se casa con el rey, y ella y Tristán vivirán su amor a escondidas. Sin embargo, los rumores se extienden muy rápidamente por el reino, y el rey acaba descubriéndolos. Pero el rey los perdona y sólo intenta alejarlos expulsando a Tristán de su castillo. No obstante, hay alguien que no los perdona: Melot, un hombre traidor y envidioso que se hace pasar por amigo de Tristán.

A partir de entonces, Tristán vivirá muchas aventuras y desventuras. Hasta que un día muere en los brazos de su amada después de ser atravesado por la espada de Melot. Isolda, enloquecida de dolor, decide que, sin su amado, tampoco desea seguir viviendo...

Como ocurre con otros caballeros medievales, la historia de Tristán varía un poco según el poeta que la narra.

Todo empezó...

Wagner: Tristán e Isolda en la ópera

El compositor alemán Wilhelm Richard Wagner se inspiró en la historia de Tristán e Isolda para componer una famosa ópera. Richard Wagner nació en Leipzig en 1813. Empezó a estudiar música cuando tenía quince años y, más tarde, ingresó en la universidad de su ciudad. Al cabo de algunos años, trabajó como maestro de coro en Würzburg.

Wilhelm Richard Wagner

Los problemas económicos que tuvo el compositor lo llevaron a distintas ciudades, donde a menudo iba para huir de la gente a la que debía dinero.

Wagner era un enamorado de las tradiciones y la cultura de su país, y supo contarlas con mucha pasión en todas sus óperas.

Todo empezó...

Wagner está considerado uno de los grandes revolucionarios del mundo de la música. Las óperas que compuso se caracterizan por la importancia que en ellas tiene la orquesta y también porque siempre contienen temas musicales (o leitmotivs) relacionados con un estado de ánimo, un personaje o un hecho determinado.

La ópera *Tristán e Isolda*, compuesta entre los años 1857 y 1859, marca un punto importante en la carrera de Wagner: el compositor utiliza de forma definitiva todo lo que había ido probando en óperas anteriores.

Después de una vida llena de creación y pasión musical, Wagner murió en Venecia en 1883.

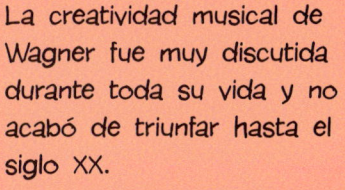

> La creatividad musical de Wagner fue muy discutida durante toda su vida y no acabó de triunfar hasta el siglo XX.

39

Todo empezó...

Luis II y la música de Wagner

En 1861, el rey Luis II de Baviera escuchó *Lohengrin*, una obra de Wagner. Era la primera vez que oía música de este compositor, y el rey quedó tan cautivado que, a partir de aquel momento, la obra de Wagner se convirtió en su gran pasión.

Luis II de Baviera, también llamado el Rey Loco, fue un personaje con una gran sensibilidad por el arte. Ayudó económicamente a muchos artistas y fue un gran protector de Wagner y de su obra.

Luis II de Baviera

Luis II hizo construir, en la ciudad de Bayreuth, una residencia para Wagner y un teatro, el Festspielhaus, donde se estrenaron algunas de sus óperas.

También fue un rey infeliz: Luis II era reservado y taciturno, y no tuvo una buena relación con sus súbditos. Este rey fue enloqueciendo hasta que sus ministros tuvieron que apartarlo definitivamente del gobierno.

Todo empezó...

Europa, una tierra llena de mitos

El origen de la leyenda de Tristán e Isolda hay que buscarlo en los mitos y creencias de los pueblos celtas y nórdicos. Estos pueblos prehistóricos se extendieron por las actuales Francia, Gran Bretaña, Irlanda, la península Escandinava y Alemania.

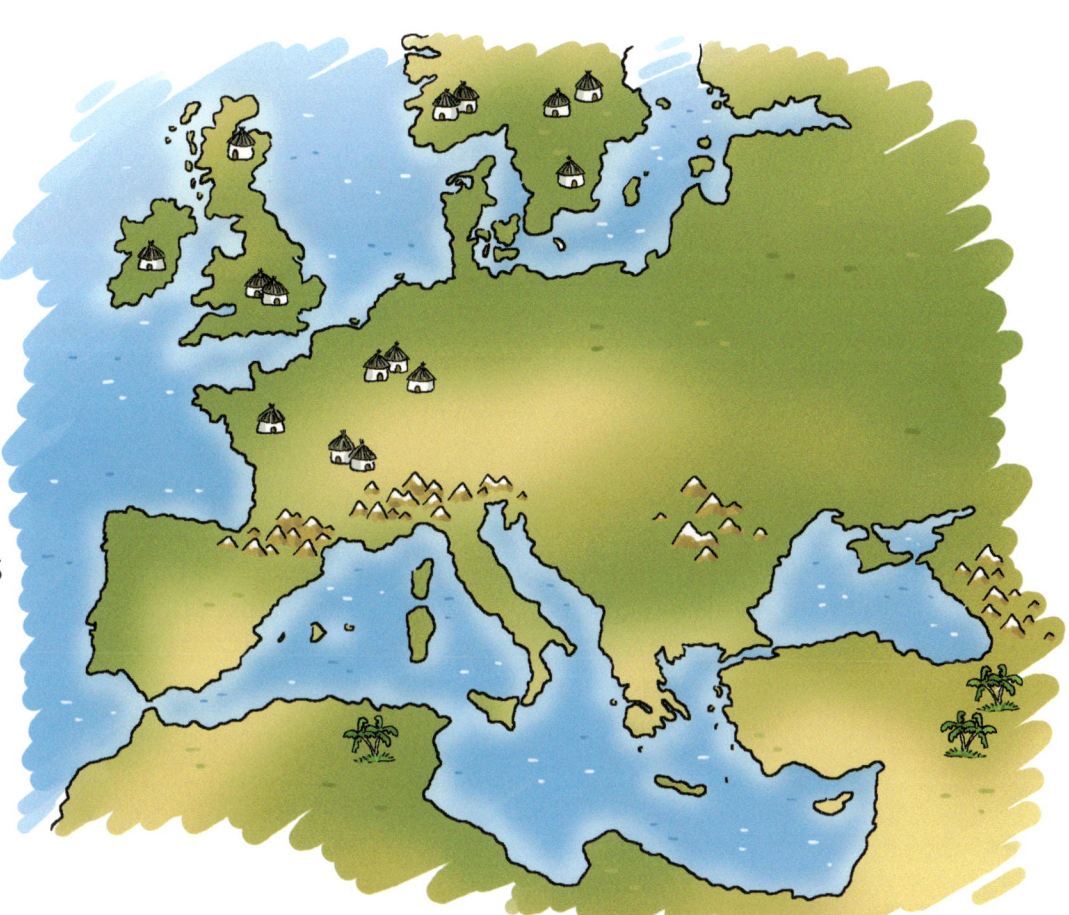

Cada pueblo tenía su mitología particular: historias para explicar la creación del mundo y de los hombres. Pero también compartían una serie de creencias: la creación del mundo, por ejemplo, estaba presidida por un dios, jefe de muchos otros, que solía tener un carácter orgulloso y terrible.

El dios celta Taranis

Los druidas, los sacerdotes de los celtas, eran personajes muy importantes que conocían muy bien la naturaleza. Representaban la unión entre los dioses y los hombres.

41

Todo empezó...

Escena de una batalla mitológica

La presencia y la fuerza de la naturaleza, de los espíritus de los bosques y de los mares también eran habituales en todas estas leyendas, unas historias llenas de reyes y guerreros que libran batallas llenas de gestas heroicas.

El calendario celta estaba relacionado con las fases de la Luna. Los meses tenían 28 días en lugar de tener 30 o 31 como el nuestro, que está regido por el Sol.

Los pueblos celtas no escribían sus leyendas, sino que las transmitían de generación en generación de forma oral. Cuando los romanos invadieron todos estos territorios recogieron por escrito las leyendas de los pueblos celtas. Y, en la edad media, algunos historiadores recopilaron otras leyendas de los pueblos nórdicos.

42

Todo empezó...

Además de los grandes dioses de los pueblos nórdicos, como Odín y sus hijos, o el dios celta del trueno, que los romanos identificaron con su dios Júpiter, las mitologías de estos antiguos pueblos están llenas de personajes muy curiosos.

Los elfos de la mitología nórdica, por ejemplo, son unos seres de gran belleza que habitan en los bosques. Los hay de dos tipos: los de la luz y los de la oscuridad. Estas criaturas pertenecen a una antigua cultura amante de la música, la danza y las artes. De hecho, estos elfos son una especie de duendes del bosque.

Según la mitología nórdica, las valkirias son mujeres inmortales encargadas de conducir hasta el paraíso las almas de los guerreros muertos en la batalla.

Norns es el nombre que recibían unos personajes femeninos de la mitología nórdica que se dedicaban a tejer el destino de los humanos en un gran tapiz.

43

Descubramos vocabulario

Dioses de la mitología celta

Lug
Es el dios más importante, el dios «sin función», porque tiene todas las funciones. Es el héroe de muchas aventuras fantásticas.

Brigit
Gran diosa irlandesa del fuego y la poesía. Hija de Dagda, su nombre procede de la palabra «altura», lo que demuestra que es una diosa importante.

Dagda
Uno de los dioses más importantes. Es el dios de los druidas, señor de los elementos y del conocimiento, jurista y gran guerrero.

Descubramos vocabulario

Epona

Diosa de los caballos. El caballo que siempre acompaña su imagen simboliza el poder de la Tierra.

Las Tres madres

El tres era un número sagrado para los celtas. Estas figuras representaban tres diosas que llevaban distintos objetos, como un cesto lleno de fruta, pescado o un perro.

Cernunnos

Considerado el rey de las bestias, tenía la capacidad de cambiar de forma. Su nombre significa «el que lleva cuernos». A menudo se le representaba con cuernos de ciervo.

Descubramos vocabulario

El castillo

Los señores de la edad media vivían en castillos, que se construían siempre en lugares estratégicos y estaban pensados para defenderse de los ataques del enemigo. La mayoría de ellos tenían:

Almenas (1)
Cada uno de los pequeños pilares cuadrados de la parte más alta de los castillos o fortalezas. Entre ellos hay siempre un espacio para poder disparar contra el enemigo.

Torre de homenaje (2)
Suele estar en el centro del castillo y es donde vivía el señor y su familia.

Torre fuerte (3)
Torre desde donde pueden observarse los alrededores del castillo y avisar en caso de detectar algún peligro.

Plaza de armas (4)
Lugar donde se encontraban las distintas instalaciones: talleres, herrería, huerto, cuadras, el pozo…

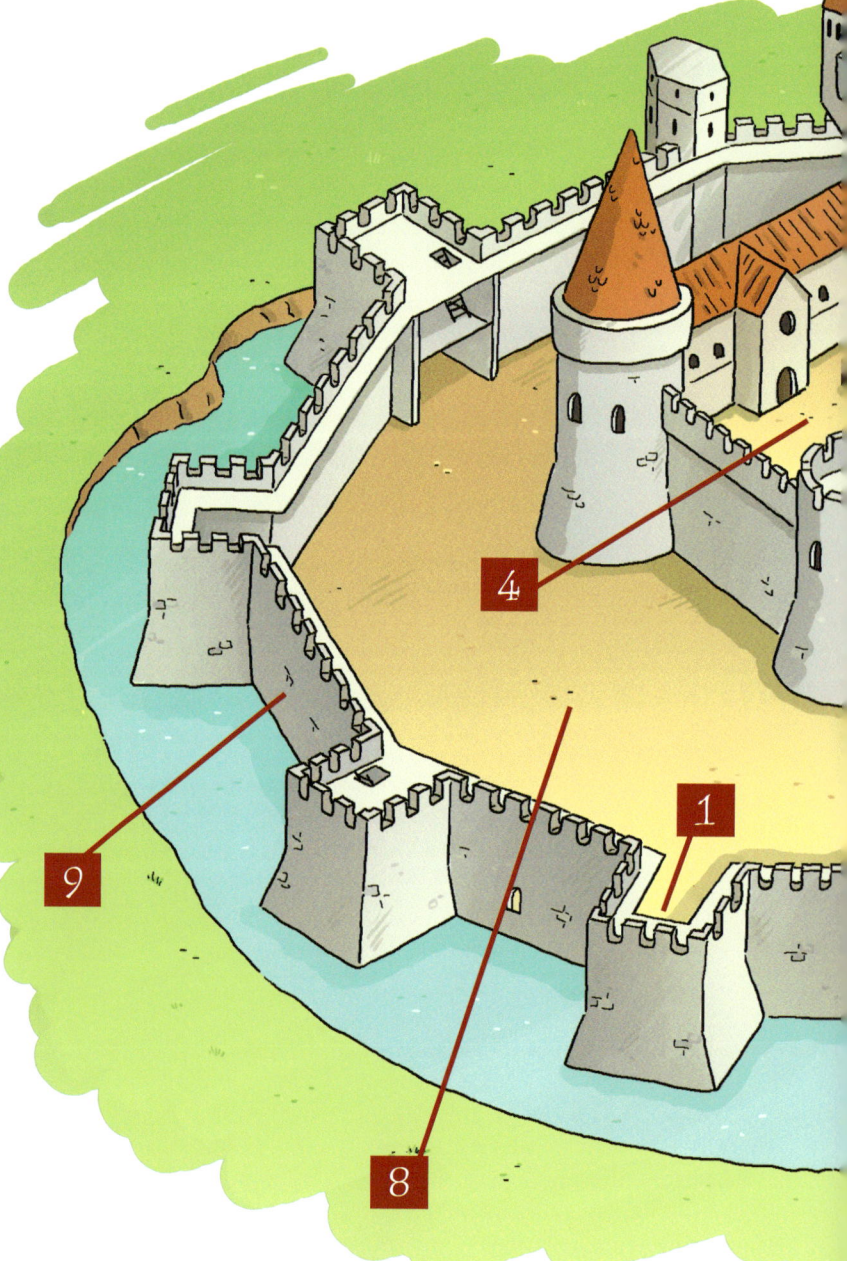

Foso (5)
Excavación larga y estrecha que rodea un castillo y que sirve para detener a los enemigos.

Descubramos vocabulario

Puente levadizo (6)

Comunica el castillo con el exterior y permite cruzar el foso.

Aspilleras (7)

Aberturas rectangulares, largas y estrechas, hechas en la pared para dejar entrar la luz o para disparar contra el enemigo desde el interior.

Recinto interior (8)

Recinto amurallado a cielo abierto que rodea todo el castillo.

Muralla (9)

Muro grueso y elevado que rodea y forma una barrera cerrada que protege el castillo.

Torres (10)

Construcciones que sobresalen de la muralla. Podían tener torreones donde se refugiaban los soldados.

Cosas curiosas

🌀 Los vestidos de los nobles

🌀 En *El romance de Tristán e Isolda* encontramos muchas descripciones de los vestidos de los protagonistas: se habla de ropas lujosas y exóticas, a menudo decoradas con joyas y piedras preciosas. Y es que, en la edad media, los nobles acostumbraban a demostrar su riqueza vistiéndose con ropas muy caras, ropas cargadas de piel y joyas.

Gente noble de la edad media

En el siglo XII y posteriores, la base del vestuario de los hombres y las mujeres era el mismo: como ropa interior llevaban una camisa de lino o de seda que podía llegar a la cintura, a las rodillas o incluso más abajo. Encima se ponían el sayo, una larga túnica ceñida a la cintura, y después la cota, una túnica exterior.

Cosas curiosas

Una mujer noble de la edad media

Las faldas de las mujeres nobles de la época tenían pliegues y llegaban hasta los pies. A veces eran tan largas que formaban una pequeña cola. Las damas llevaban un velo que se sostenían en la frente con una diadema de oro.

Desde finales del siglo XII hasta el XIV, las mujeres nobles también llevaban una *berbette*, una banda de lino que, pasando por debajo del mentón, subía hasta las sienes.

Encima de todos los vestidos, la gente noble solía llevar un manto sin mangas que hacía de abrigo. Estos mantos podían estar cubiertos de piel o bordados con piedras preciosas, oro, plata o perlas.

En *El romance de Tristán e Isolda* también se describen harapos y capas de gente pobre y peregrinos.

49

Cosas curiosas

🌀 Más cosas...

🌀 La versión más conocida de la leyenda de Tristán e Isolda es la que escribió Joseph Bédier, un francés que, en 1900, reconstruyó la historia a partir de las cuatro versiones medievales más conocidas.

Las bebidas que solían tomar para acompañar las comidas de la época eran el vino, la cerveza y la sidra.

🌀 En la edad media, se comía básicamente carne, cereales, pan y salsas. Los señores no acostumbraban a comer los animales que habían cazado, de forma que la mayoría de animales que comían eran de corral: terneros, gallinas, cabritos... También se consumía pescado, sobre todo en Cuaresma, cuando estaba prohibido comer carne.

Cosas curiosas

🔴 Hoy en día, el druida más famoso es Panoramix, el inteligente y astuto amigo de Astérix y Obélix. Su poción mágica proporciona a quien la toma una fuerza terrible. Gracias a esta poción, los galos vencen sin problemas a las legiones romanas enviadas por Julio César.

Astérix y Obélix

🔴 Durante la edad media, la leyenda de Tristán e Isolda se escribió tanto en prosa como en verso en un gran número de lenguas. Pero también se representó en objetos decorativos, como tapices y cerámicas.

Grabado que reproduce escenas de la leyenda

🔴 En 1944, el pintor Salvador Dalí realizó unos decorados y unos telones para el ballet *Mad Tristan*, basado en la historia de Tristán e Isolda. Este ballet, con música de Wagner, lo estrenaron los ballets rusos de Montecarlo, en el Metropolitan House de Nueva York.

Cosas curiosas

🌰 El escritor inglés J.R.R. Tolkien recreó, en *El señor de los anillos*, todas las leyendas y relatos del norte, centro y este de Europa. Sus páginas están llenas de enanos, elfos, magos parecidos a los druidas, bosques mágicos, princesas y caballeros valientes.

🌰 Sobre Tristán e Isolda se han realizado algunas películas. Una de las mejores versiones cinematográficas es *L'Eternel Retour* («el eterno retorno»), del año 1943, una actualización del mito de estos enamorados.

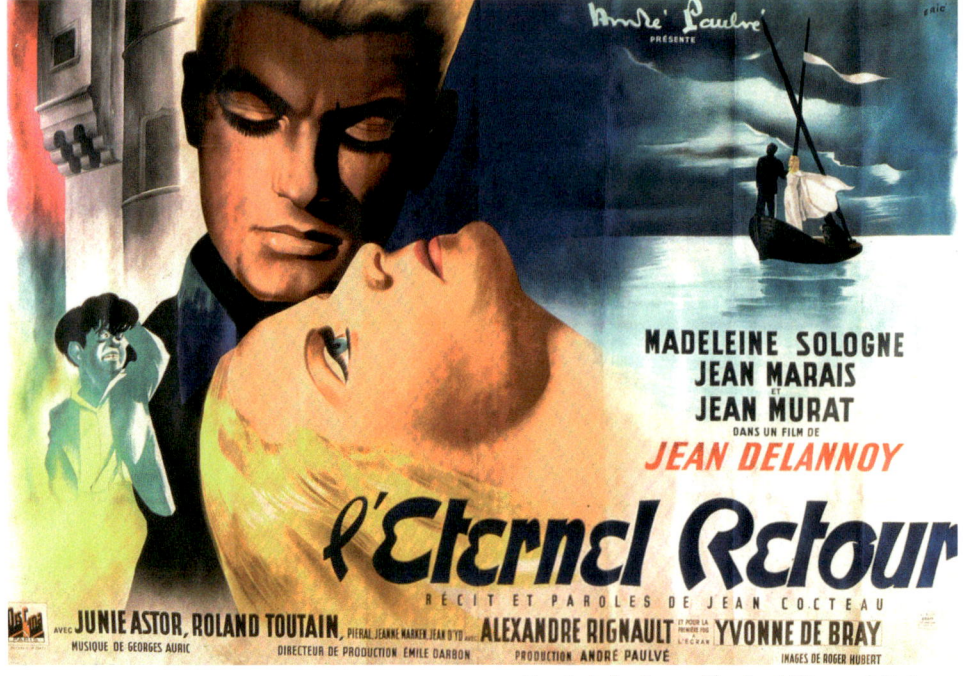

Aunque la acción de esta película se sitúa en 1940, el director supo transmitir la pasión entre sus personajes.

Cartel de la película *L'Eternel Retour*

De la Ilustración al Dibujo Animado

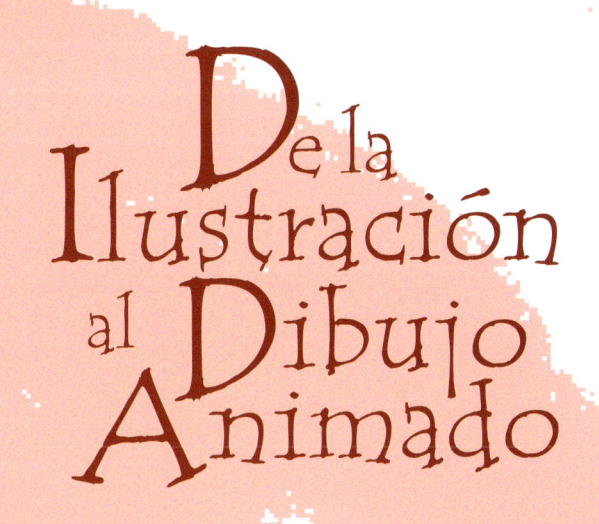

El proceso de hacer dibujos animados es largo y en él interviene mucha gente. A continuación te contamos algunas cosas sobre sus orígenes y sobre cómo se fabrican...

La fábrica de imágenes

🍅 Ver el mundo por un agujero

A partir del siglo XVII y hasta la llegada de la fotografía (1839), la cámara oscura se convirtió en una herramienta indispensable para los pintores y dibujantes que retrataban, a mano y de una forma sencilla y eficaz, imágenes de la realidad. De esta forma, a partir del siglo XVIII, empezaron a ser frecuentes las pinturas y grabados de paisajes urbanos, de monumentos y de palacios… Y con estas imágenes apareció un nuevo espectáculo visual: la caja de óptica, también llamada Mondo Nuovo.

Este nuevo espectáculo se puede considerar el primero que acercó imágenes de lugares reales al gran público, a personas que no acostumbraban a viajar pero que estaban interesadas en saber cómo era el mundo.

Mondo Nuovo. Cataluña, 1775-1825

La caja de óptica, o Mondo Nuovo, era una caja agujereada que permitía visualizar a algunas personas a la vez la imagen que había dentro de la misma. Las había de distintos tamaños y siempre contenían una lente.

54

La fábrica de imágenes

Los espectadores miraban por los agujeros al interior de la caja, donde veían un grabado, una imagen dibujada hecha con la cámara oscura. La visión de esta imagen dentro de la caja a través de una lente, y a menudo de un espejo, adquiría para el espectador una sensación de relieve, de profundidad, muy impactante para la gente de la época, ya que entonces todavía no se conocía la fotografía.

Grabado. *The Show*. Gran Bretaña, 1787

No debe extrañarnos que los espectadores del Mondo Nuovo tuvieran la sensación de estar viendo una imagen real en lugar de un dibujo. Mirando por los agujeros del Mondo Nuovo les daba la sensación de estar viajando alrededor del mundo sin moverse del sitio.

Este espectáculo era ambulante. Las cajas de óptica se colocaban en ferias y mercados, en las plazas y espacios al aire libre de pueblos y ciudades, donde compartían público con todo tipo de entretenimientos populares de calle: acróbatas, titiriteros, domadores de animales, músicos... Pero el Mondo Nuovo, junto con la linterna mágica, se convirtió en el rey de la escena ambulante.

Tres dimensiones

◉ Las texturas o el color

Las texturas o el color es el paso de la animación en 3D en que se pinta el objeto que previamente se ha modelado. De hecho, hacer las texturas es como pintar una hoja de papel que más tarde vamos a pegar, como si fuera un adhesivo, sobre la figura que se ha modelado. Las texturas pueden ser de muchos tipos, es decir, pueden imitar varios materiales: ladrillos, madera, tela, piel, etc.

Tres dimensiones

En el caso de este barco del capítulo *Las Tres Mellizas y Tristán e Isolda*, la textura tenía que ser de madera para imitar la de los barcos de la época. Para hacerla, se utiliza un programa informático que permite dibujar. Y una vez que la tenemos dibujada, debemos pintarla con el mayor realismo posible: en el caso de la textura de madera, por ejemplo, podríamos pintar unas tablas más oscuras que el resto.

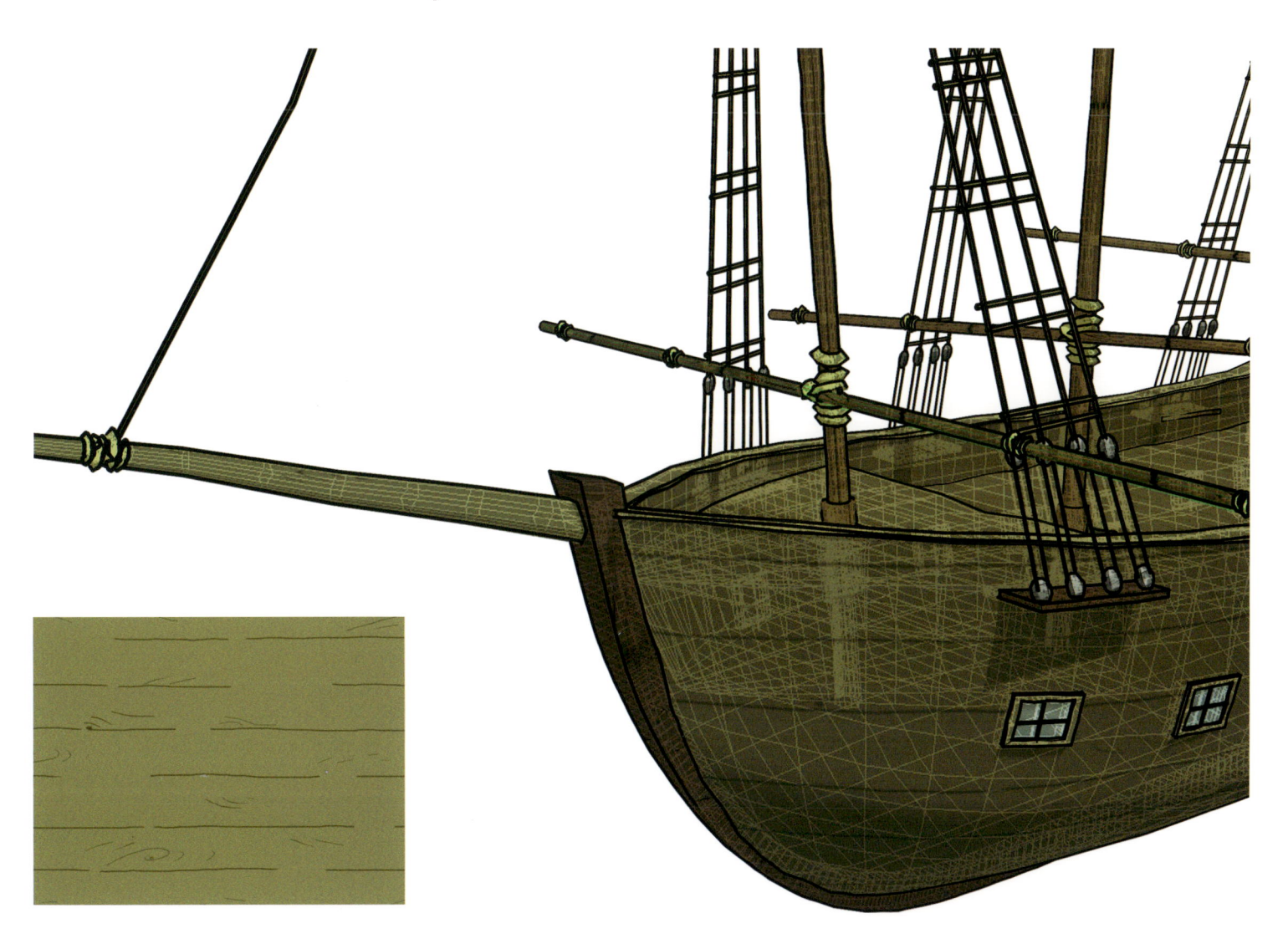

Una vez que tengamos creada la textura, debemos adaptarla a la figura de 3D que hemos modelado. En este caso, la figura es el barco.

57

La preparación de los personajes

Como hemos explicado antes, cuando hacemos un personaje en 3D, en primer lugar lo modelamos y después hacemos su textura (su piel, la ropa, etc.). Pero, además, deberemos preparar este personaje para que sea capaz de moverse: igual como ocurre con las personas o los animales del mundo real, para conseguir mover a un personaje hecho en tres dimensiones necesitaremos que tenga una estructura interna determinada.

Tres dimensiones

Y para que el movimiento de los personajes en 3D sea lo más real posible, deberemos copiar nuestra propia estructura, el conjunto de huesos que forman nuestro esqueleto y aquello que los une. Todos estos huesos también son objetos que creamos en 3D y, una vez que les hayamos asignado su textura, ya podremos colocar al personaje en la postura que deseemos y hacerle hacer los movimientos que haga falta.

La iluminación

La técnica que se utiliza para iluminar los dibujos en tres dimensiones es la misma que se utiliza en la fotografía y el cine. Con el ordenador, podemos imitar la luz que hacen los focos y conseguir varios tipos de iluminación: la de día, la de noche, la de una bombilla, etc.

Cuando se trabaja en 3D, como mínimo se acostumbran a utilizar tres tipos de iluminación:

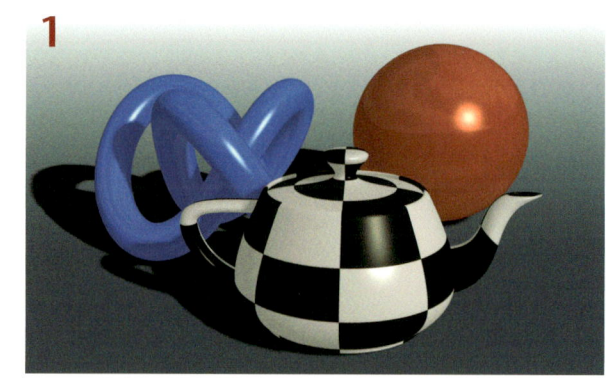

1. **Iluminación principal:** es la que proyecta más luz y hace aparecer las sombras principales.

2. **Iluminación secundaria:** es de una intensidad menor y sirve para disimular las sombras creadas por la luz principal que deban ser suavizadas.

3. **Iluminación de contraluz:** ésta se sitúa detrás de los objetos. Sirve para crear la sensación de volumen y separar los objetos del fondo a fin de conseguir profundidad.

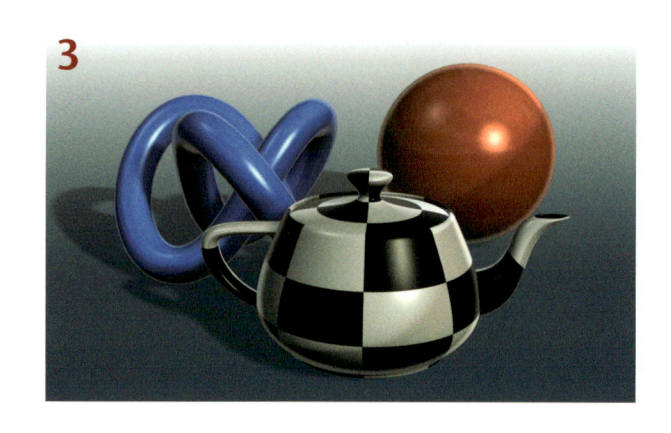

Tres dimensiones

La iluminación también es muy importante a la hora de crear un determinado ambiente: haciendo cambios de luz podemos hacer que una misma escena sea cálida, tenebrosa, fría, etc.

Como ya hemos dicho, con la iluminación creamos sombras en los objetos, y también conseguimos que estos objetos den sombra. De esta forma, obtenemos zonas de penumbra que no queremos mostrar o, al contrario, podemos resaltar partes de una escena que nos parecen importantes.

El juego

Observa bien el dibujo de Tristán e Isolda que hay en esta página y búscalo en la página siguiente. ¡Ten cuidado! Los hay que se parecen mucho, pero sólo hay uno que es exactamente igual a éste.

SOLUCIÓN: el dibujo E

El juego

A

B

C

D

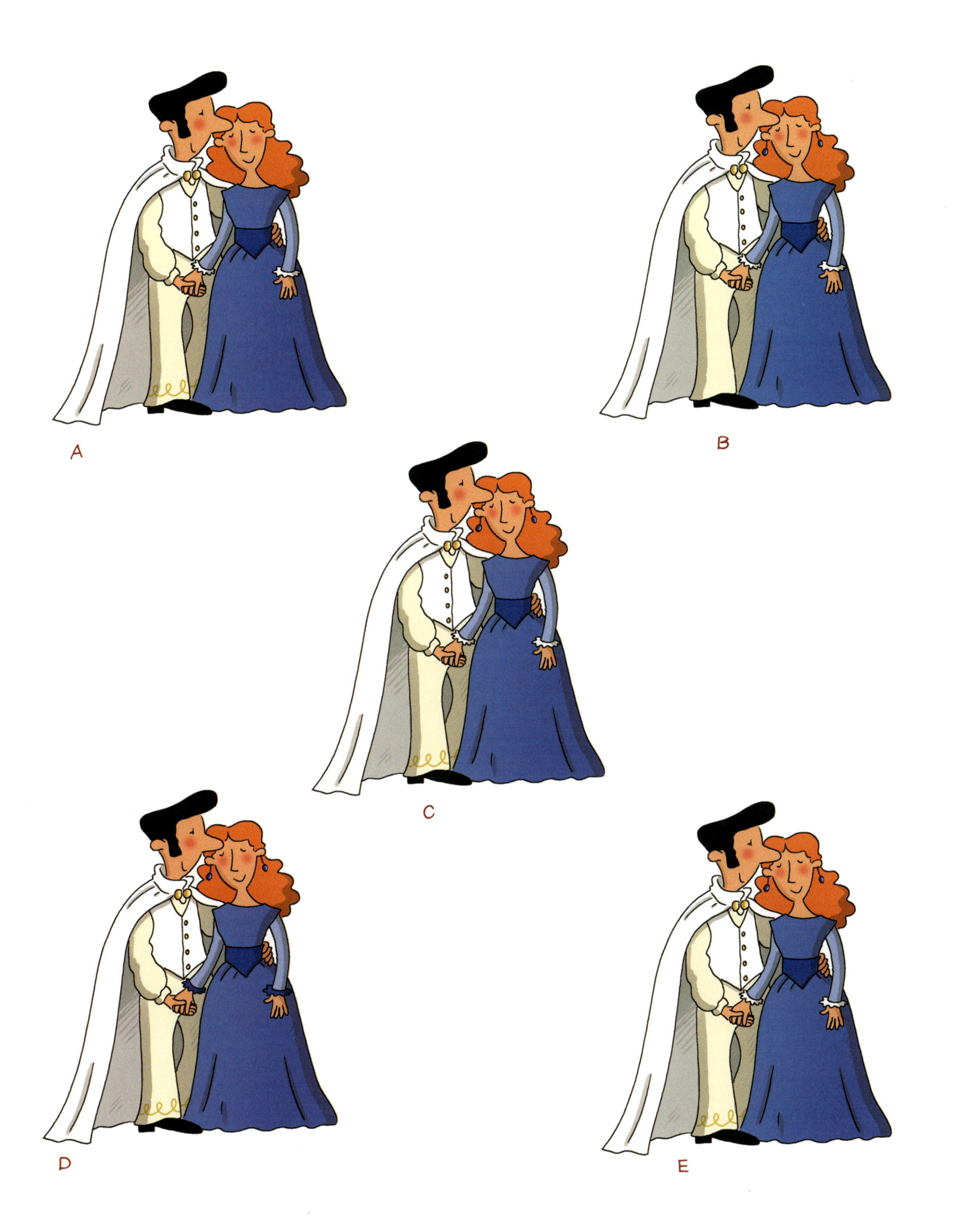

E

Títulos de la colección

1. Don Quijote
2. Gutenberg
3. Velázquez
4. Viaje al centro de la Tierra
5. W. Amadeus Mozart
6. Vincent van Gogh
7. Tutankamón
8. El mundo del cine
9. Cyrano de Bergerac
10. Moby Dick
11. El Dr. Jekyll y Mr. Hyde
12. El libro de la selva
13. El taller de Gaudí
14. Tristán e Isolda
15. Watt y la máquina de vapor
16. Merlín el encantador

Próximos títulos

La flauta mágica
Thor el Vikingo
El hombre invisible
Agatha Christie

© 2006, Cromosoma, SA y Televisió de Catalunya
www.cromosoma.com

Edición y diseño: Equipo Cromosoma
Ilustraciones: Roser Capdevila y su equipo

Texto del cuento: Teresa Blanch, a partir del guión audiovisual
Texto de El rincón de los sabios: Lola Casas y Jesús González
Texto de La fábrica de imágenes: Jordi Pons
Traducción: Margarida Trias
Documentalista: Maria Días
Fotografías: Album, Aisa y Museu del Cinema-Col·lecció Tomàs Mallol (Girona)

ISBN: 84-95727-15-3
Depósito legal: B-31720-2006
Impreso en Gràfiques Maculart, SA
Impreso en España

Con la colaboración de:

Generalitat de Catalunya
Institut Català
de les Indústries Culturals

Museu del Cinema
Col·lecció Tomàs Mallol

Se prohibe la reproducción total o parcial de esta obra, en cualquiera de sus formas, gráfica o audiovisual, sin la previa autorización escrita por parte de la editorial, excepto citaciones en revistas, diarios o libros, siempre que se mencione su procedencia.

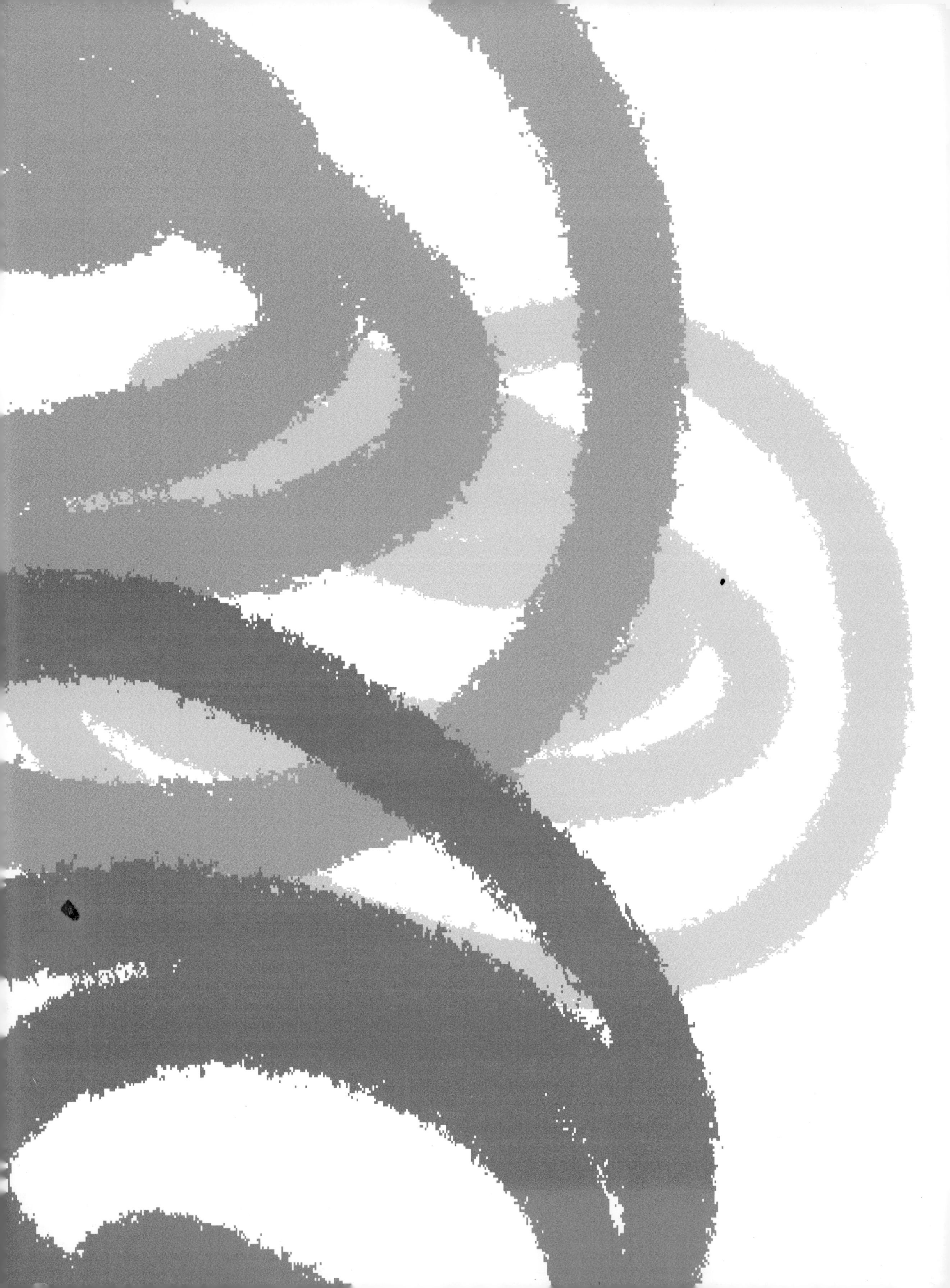